ART DU CHANT

DE

L'ART DU CHANT

DE

L'ART DU CHANT

THÉORIE NOUVELLE

BASÉE

SUR L'APPRÉCIATION

DES ÉLÉMENTS CONSTITUTIFS DE LA VOIX

PAR

L. BOUCHÉ

ARTISTE DE L'OPÉRA

NOGENT-LE-ROTROU

IMPRIMERIE DE A. GOUVERNEUR

1872

AVANT-PROPOS.

« On a fait un art du chant, c'est-à-dire que des
» observations sur les voix qui chantaient le mieux,
» on a composé des règles pour faciliter et perfec-
» tionner l'usage de ce don naturel; mais il reste
» encore bien des découvertes à faire sur la manière
» la plus courte, la plus facile et la plus sûre d'ac-
» quérir cet art. »

(J.-J. Rousseau, *Diction. music.*)

Il y a plus d'un siècle que cette lacune dans l'enseignement de l'art du chant a été signalée par un philosophe célèbre et tout à la fois musicien des plus judicieux de son temps.

Malgré les savants et volumineux ouvrages techniques qui, depuis cette époque, ont été accumulés dans nos bibliothèques, on est obligé de convenir, même aujourd'hui, qu'il reste encore une large brèche à combler.

Nous n'avons point l'intention, et nous en aurions encore moins le talent, de faire la critique des nombreux codes élémentaires qui, au point de vue musical, ont, à n'en pas douter, un mérite réel, mais si nous nous plaçons au point de vue de l'art du chant proprement dit, nous n'hésitons pas à nous inscrire en faux contre les principes qui, dans tous les ouvrages classiques en général, ainsi que dans toutes les écoles, ont trait à la conduite de la voix humaine considérée comme instrument du chant.

Une aussi franche dénonciation, lancée à brûle pourpoint, ne semblera pas, nous le savons d'avance, exempte de témérité ; mais si l'on daigne nous entendre, avant de nous incriminer, on verra que notre verdict n'a rien de trop rigoureux.

Oui, nos écoles de chant, nos professeurs et nos méthodistes, les plus autoritaires dans l'enseignement, y font fausse route en se jetant, dès les premiers pas, à l'écart des lois physiologiques d'après lesquelles naissent, se développent et s'accomplissent les diverses péripéties de la phonation du gosier humain.

Oui, ceux-là mêmes qui, apôtres de l'art, ont mission officielle de l'enseigner, laissent de côté les vivants préceptes de la nature, pour suivre, avec une confiance peu justifiée, des routines scolastiques et stériles pour l'art.

Le point de départ de tous ces fâcheux événements, c'est l'habitude ou le parti pris où l'on est, de ne considérer la voix humaine que comme un phénomène spontané, comme une création fortuite et formée d'un seul jet, dont il n'y a qu'à se hâter d'exploiter les rares et heureuses qualités.

Éblouis par les avantages séduisants d'un organe qui, en réalité, n'est encore riche qu'en promesses, maîtres et élèves sont loin de se douter qu'ils n'ont en main que les germes féconds d'une plante délicate, et que, pour l'épanouir, il faille soigneusement remonter aux sources vives où elle a pris son origine.

Il est donc évident que, pour ce qui regarde l'éducation de la voix, on s'écarte, dès le début, des vrais principes propres à la diriger.

On procède à l'égard de la voix comme ferait un architecte qui, avant de s'assurer des assises de son édifice, procéderait à la superposition des étages, à la pose de la toiture, à l'ordonnance de l'ornementation et au couronnement de son œuvre.

Il est facile de prévoir les suites inévitables d'une telle façon de construire : c'est un édifice, bâti sur le sable mouvant, qui doit nécessairement s'écrouler au premier coup de vent.

Si nous avions besoin de compléter et de justifier notre critique, nous n'aurions qu'à signaler les choquantes divergences qui séparent telle école de telle autre : n'avons-nous pas, à chaque instant, sous les yeux, dans l'enceinte d'un même conservatoire, l'étrange spectacle de systèmes d'enseignement diamétralement opposés?

Ce qu'il y a de plus fâcheux dans ces flagrantes oppositions de doctrines, c'est qu'elles sont en même temps préjudiciables aux jeunes organes qu'elles torturent et aux progrès de l'art qu'elles paralysent.

Qui pourrait donc douter encore et ne pas convenir avec nous que ces lamentables tâtonnements, où se heurtent pêle-mêle ces doctrines ouvertement contradictoires, accusent, plus haut que nous ne saurions le faire, l'absence d'un principe fondamental, visible à tous les regards, comme un phare de salut indiquant les écueils à éviter et la ligne sûre qui mène directement au port?

Eh bien, ce phare lumineux que tout le monde peut apercevoir, cette voie manifeste des perfectionnements de l'art du chant dont on est encore à découvrir les traces, la nature, cette maîtresse universelle, constante en ses leçons comme en ses lois, se charge d'en révéler le secret à quiconque voudra l'interroger avec nous.

C'est après de longues années, après avoir été nous-même à la merci de ces fluctuations de doctrines dont nous n'avions récolté, en échange de nos sacrifices, que le regret bien amer d'avoir perdu notre temps, que nous avons pris le parti de jeter nos regards autour de nous, afin de découvrir par nous-même s'il n'existait pas un chemin plus court, plus facile et plus sûr, pour atteindre un but qui jusque-là n'avait fait que reculer devant nous.

Dès ce moment nous avons abandonné résolument les sentiers battus, ces tortueux dédales où des guides peu éclairés, pour ne pas dire aveugles, n'ayant d'autre but que la fiche de consolation, le lucre du cachet, nous avaient engagé de gaîté de cœur sans en connaître les issues.

Nous avons eu l'immense avantage, pour faire avec fruit ces nouvelles épreuves, d'avoir pu nous placer dans presque tous les grands théâtres de l'Europe, au milieu des sommités artistiques les plus remarquables de notre époque.

A force d'observations comparées et répétées, nous avons pu nous assurer et nous convaincre que les plus éminentes qualités de ces virtuoses se rattachaient à des lois communes et invariables auxquelles ils soumettaient évidemment les organes de la phonation.

Nous ne prétendons pas dire que, malgré le principe général qui servait de point fixe à leurs qualités essentielles, ces talents distingués ne conservassent pas leur caractère particulier d'originalité bien tranchée ; car en cela, comme en toute création, le type n'exclut ni le genre ni les variétés.

Avant de faire part à nos lecteurs du fruit de

nos observations, nous nous permettrons de rendre à cette pléïade d'artistes, qui nous ont servi d'objectifs, un juste tribut d'hommages, en rappelant leurs noms au souvenir de leurs contemporains.

Ce sont : MM. Rubini, Duprez, Lablache, Levasseur, Ponchard, Mario, Tanburini, Ronconi, Moriani, Guasco, Collini, Colletti, Fraschini, Bauccardé, Marini, Staudigl, Faure.

Mesdames Damoreau, Dorus, Nau, Frezzolini, Taddolini, Barbieri, Lynd, Persiani, Grisi, Delagrange, Penco, Alboni, Carvalho, Nilsson.

Tels sont les artistes qui, comme l'atteste leur renommée, ont le mieux chanté de leur temps, et que le grand poète Hugo n'a certes pas dû exclure de sa pensée en écrivant ce beau quatrain :

> Des poëtes puissants, têtes par Dieu touchées,
> Nous jettent les rayons de leurs fronts inspirés ;
> L'art a de frais vallons où les âmes penchées
> Boivent la poésie à des ruisseaux sacrés.
>
> (Voix intérieures).

C'est, nous le répétons, après avoir étudié et comparé ces artistes entre eux que nous sommes demeuré convaincu que leurs qualités dominantes, ayant une base commune, émanaient des sources vives où nous avons nous-même puisé les éléments d'une nouvelle théorie de l'art du chant, d'une application facile et universelle.

INTRODUCTION

A L'EXPOSITION DES ÉLÉMENTS DE L'ART DU CHANT.

Après la lecture de notre *avant-propos,* où nous avons fait bon marché des méthodes connues, on doit s'attendre à ce que nous présentions la question de l'art du chant sous une forme entièrement nouvelle.

En effet, l'idée prédominante qui seule donne sa raison d'être à ce petit traité, nous ayant été suggérée par des observations d'un nouvel ordre, nous oblige, pour la produire sous son vrai jour, à déroger d'une manière bien tranchée au plan d'études généralement adopté par nos devanciers.

Convaincu que nous sommes d'être en possession d'un principe tout à la fois théorique et pratique sans précédent, sûr en un mot de nous être placé à un point de vue riche en horizons inexplorés, nous sommes dans la nécessité d'abandonner les voies traditionnelles et le mode d'exposition habituelle suivi en cette matière.

Nous commençons par mettre de côté toutes les questions banales qui sont du ressort de l'enseignement purement musical ou relatives à l'instruction indispensable à quiconque aspire à devenir un chanteur de quelque mérite.

Il y a du reste, à cet égard, une infinité de méthodes dont la valeur et l'autorité sont incontestables.

Cependant, malgré notre désir d'être concis, en nous renfermant strictement dans les limites de notre sujet, nous ne pouvons nous dispenser de dire en quelques mots ce que nous comprenons par cette vieille formule : *l'Art du chant*. Simple et banale énonciation qui, à première vue, paraît si claire et qui pourtant s'obscurcit avec facilité du moment qu'il s'agit d'en fixer les éléments.

Qu'est-ce donc, selon nous, que l'art du chant?

L'art du chant est cette faculté naturelle et perfectible, au moyen de laquelle la voix humaine est apte à donner à la mélodie un relief d'expression conforme aux prescriptions des auteurs, et subordonnée aux moyens d'éxécution de l'interprète.

En termes plus brefs, nous exprimons la même pensée :

L'art du chant est l'éloquence de la voix humaine, interprète de la mélodie.

Qu'on accepte, improuve ou modifie ces formes sous lesquelles nous venons de nous exprimer sur l'art du chant, nous n'y attachons que peu d'importance. Là n'est pas le point critique sur lequel nous avons l'honneur d'appeler l'attention de nos lecteurs.

Entrons donc de pied ferme dans le domaine de notre sujet, et demandons-nous d'abord :

Qu'est-ce que la voix humaine?

Le Dictionnaire de l'Académie répond à cette question :

« La voix humaine est le son qui sort de la bouche de l'homme. »

Le laconisme de cette réponse nous oblige à nous livrer à une enquête ultérieure plus satisfaisante.

Mais si, d'autre part, cédant à notre légitime curiosité, nous interrogeons la science sur le mécanisme de la voix humaine, nous risquons de nous heurter à des systèmes dont la controverse est peu propre à nous édifier sur le fond de notre sujet.

En effet, M. Dodart prétend que le mécanisme de la voix humaine s'opère d'une manière analogue à celui du cor;

M. Ferrein le compare à celui d'un instrument à cordes;

M. Cuvier à celui de la flûte;

MM. Biot et Magendie à celui d'un instrument à anche;

M. Savart à celui de l'appeau, etc., etc.

L'insuffisance de nos connaissances ne nous permettant pas d'opter entre ces différents systèmes, encore moins de prendre part à des débats scientifiques, nous nous arrêtons à nous faire cette simple question :

Quels sont les éléments constitutifs, évidents, plausibles de la voix humaine, considérée toutefois comme instrument de chant?

L'évidence démontre que les éléments dont se compose la voix humaine chantante sont :

Le son, la parole et la forme mélodique.

Qu'est-ce que le son de la voix?

Le son de la voix est le produit du souffle et de la glotte.

Ces deux derniers sont les deux agents primordiaux de la phonation du gosier humain. On peut affirmer, sans crainte de se tromper, que le souffle est la base du son et que la glotte en est le générateur.

Par l'examen le plus simple que chacun de nous peut faire sur la manière dont le son de la voix est produit au gosier, il est facile de se rendre compte de la valeur de notre appréciation sur les rôles respectifs que jouent ces deux agents de premier ordre dans la phonation.

Qu'est-ce que la parole?

La parole est un composé de signes conventionnels, tant au point de vue de leur forme qu'à celui des modifications qu'ils apportent au son. Leur assemblage, qui se fait à l'aide de l'appareil du larynx et de la bouche, compose avec le son des mots articulés appréciables à l'oreille.

Qu'est-ce que la forme mélodique?

La forme mélodique consiste dans une combinaison d'intervalles harmoniques dont l'enchaînement coordonné par le génie du musicien d'après les règles de la composition, représente des phrases et des périodes, une cantilène enfin, que la voix humaine avec les ressources des inflexions du son et le concours de la parole, est apte à s'approprier pour la mettre en relief.

Tel est l'aperçu sommaire des trois éléments constitutifs de la voix chantante, à l'aide desquels elle devient l'instrument du chant par excellence.

Il ne suffirait pas d'avoir indiqué ces trois éléments, si nous négligions d'en préciser, d'en analyser avec soin les qualités essentielles auxquelles la voix du chant emprunte toutes ses ressources.

Tel est l'objet de notre exposition, que nous diviserons en deux parties, l'une analytique et l'autre synthétique.

Dans la première partie, nous aurons à mettre sous les yeux de nos lecteurs les qualités inhérentes à chacun des trois éléments énoncés; en un mot, nous aurons à dresser l'inventaire exact des attributs qui caractérisent d'une manière spéciale le son, la parole et la forme mélodique.

Dans la seconde partie nous aurons à relier entre eux ces trois éléments en groupant leurs qualités suivant l'ordre et l'importance de leur coopération dans l'éducation de la voix comme dans l'exercice de l'art du chant.

PREMIÈRE PARTIE.

CHAPITRE I.

DES QUALITÉS INHÉRENTES

AU SON DE LA VOIX HUMAINE.

Le son de la voix, avons-nous dit, est le produit du souffle et de la glotte.

La science de la physique expérimentale distingue dans le son, quelle qu'en soit l'origine, trois qualités : l'intensité, la hauteur et le timbre.

Nous prions le lecteur de se mettre en garde contre la répugnance que, à l'égard de l'étude d'un art, — qui, pour la plupart, n'est que de pur agrément — peut lui inspirer l'examen de son côté scientifique, parce que la simple lecture attentive de l'énonciation des qualités du son, le convaincra que cette question, en apparence si aride et si abstraite, aura pour lui un attrait d'autant plus puissant, qu'à elle seule elle lui laissera entrevoir le fonds, c'est-à-dire le corps et l'âme du chant.

§ 1er.

De l'Intensité du son.

En voici le théorème que nous citons textuellement :

« L'intensité du son dépend de l'amplitude des » vibrations du corps sonore et non de leur » nombre.

» Des sons semblables, quant à l'élévation, » peuvent avoir des intensités différentes, répré» sentées dans la musique par les mots piano, » -issimo, forte, -issimo (M. Béclard).

Ce théorème, relatif à l'intensité du son, pouvant prêter à une équivoque sur les rôles respectifs qu'exécutent les deux principaux agents phonateurs — le souffle et la glotte — nous jugeons utile, pour éviter dans l'étude de la voix et du chant toute confusion, et en même temps pour bien préciser la nature des fonctions organiques, de faire observer ici que l'intensité du son qui, d'après l'énoncé ci-dessus, semblerait être exclusivement attribuée à l'amplitude des vibrations du corps sonore, n'est en réalité que l'effet médiat d'une autre cause indépendante de la glotte.

Cette cause gît évidemment dans l'action de l'air qui, à sa sortie des voies respiratoires à travers la glotte, développe, en raison directe de ses degrés de tension, l'amplitude des vibrations dont sont doués les rubans vocaux.

En effet, cette remarque très-essentielle que nous faisons ici, à seule fin de mettre nos lecteurs à même de suivre avec nous l'ordre naturel des phases de la phonation, se trouve pleinement justifiée dans les lignes suivantes, extraites de M. Béclard :

« L'air qui arrive de la glotte au moment de la » parole ou au moment du chant a une tension » supérieure à celle de l'expiration ordinaire.

» La parole et le chant sont toujours, en effet, » accompagnés d'un effort.

» La tension de l'air expiré, modérée dans les » efforts de la parole, est équivalente à une co- » lonne de 2 à 3 centimètres de mercure.

» Cette tension fait équilibre à 6 ou 7 centi- » mètres de mercure dans les efforts du chant.

» Elle peut s'élever à 20 ou 24 dans les cris » violents, au moment de l'expectoration ou de » l'éternuement.

» Les poumons, les bronches et la trachée- » artère font, par rapport à la voix, l'office d'un » porte-vent élastique, susceptible de resserre- » ment et de dilatation, d'allongement et de rac- » courcissement.

» Le thorax fait l'effet d'un soufflet qui chasse » l'air avec une force que la volonté peut faire

» varier à l'infini, d'où il résulte que le volume » et la rapidité de l'air qui traverse le larynx » peuvent parcourir une échelle extrêmement » variée.

Il reste donc acquis, d'une manière indubitable, que l'intensité du son a pour cause effective l'action propre du souffle dont les degrés variables de tension déterminent les différents degrés d'amplitude des vibrations des cordes vocales.

§ 2.

De la Hauteur du son.

« La hauteur du son dépend du nombre des vibra- » tions exécutées par le corps sonore dans un es- » pace de temps déterminé.

Comme ce théorème, incontestablement vrai par rapport au son absolu, ne l'est pas moins par rapport au son de la voix, nous concluons, par une induction rigoureuse, que le son de la voix et ses multiples évolutions ne peuvent être classés sur le clavier des sons en général, comme sur celui qui leur est propre, qu'en raison du nombre de vibrations exécutées dans un temps donné par les rubans vocaux de la glotte.

Nous ne saurions trop recommander à nos lecteurs de se faire une idée bien précise de la différence qui existe entre les deux énoncés de l'intensité et de la hauteur du son.

§ 3.

Du Timbre du son.

« Le timbre du son dépend de la nature du » corps vibrant et de la nature des corps avec les- » quels le corps vibrant est en contact de vibra- » tions.

» On observe que, malgré tous les efforts qui » ont été faits pour déterminer la cause du timbre, » la science en est encore réduite à cet énoncé » ci-dessus un peu vague. »

Cependant un savant moderne, M. Helmolz, a fait, sur le timbre du son, des découvertes nouvelles d'une très-haute importance, sans aucun doute, au point de vue de la science; mais, au point de vue pratique de notre théorie de l'art du chant, nous n'avons point jugé à propos de nous en occuper.

Le seul côté que nous estimions important pour nous dans cette question, c'est de faire connaître sous quelle forme saisissable nous envisageons le timbre de la voix humaine; c'est-à-dire que notre tâche se borne simplement à démontrer dans quelle mesure le timbre du son apporte son concours aux perfectionnements de la voix et du chant.

Pour arriver à ce résultat, il nous suffit de constater que le timbre du son de la voix peut être essentiellement modifié d'abord par les nuances de sonorité qu'il emprunte à la famille des voyelles et ensuite par l'addition des consonnes aux voyelles.

Qui ne sait en effet que les signes sonores qui servent à l'homme pour communiquer avec ses semblables, signes qui sont la prérogative exclusive de l'organe humain sont les voyelles et les consonnes?

« La glotte fournit le son ou la sonorité, » dit le physiologiste déjà cité, « c'est la masse d'air con-
» tenue dans le tuyau vocal qui donne à la voyelle
» le timbre qui la caractérise.

« La formation des diverses voyelles dépend des
» formes que prend le tuyau vocal quand il est
» traversé par le son. »

Il est donc bien entendu que c'est seulement au point de vue des modifications que les voyelles apportent au son, que nous envisagerons la question du timbre de la voix.

Aux trois qualités, — intensité, hauteur et timbre — dont nous venons de parler comme qualités du son, nous en ajouterons deux autres qui lui appartiennent au même titre, ce sont le calibre et la durée.

§ 4.

Du Calibre du son.

Nous entendons par *calibre* le volume naturel au son tel qu'il est émis dans le médium de son clavier et tel qu'il peut se maintenir à tous les degrés de sa tablature.

Ce volume se présente naturellement en raison directe de l'ouverture de la glotte.

Mais qu'est-ce que la glotte? (description anatomique du même auteur).

« La glotte, partie essentielle du larynx, que » l'on confond souvent à tort avec l'ouverture » supérieure du larynx, est une ouverture à fente » triangulaire, oblongue d'avant en arrière, com- » prise entre les cordes vocales droites et les » cordes vocales gauches.

» La glotte est la partie la plus étroite du la- » rynx. C'est pour la glotte qu'existent les mus- » cles intrinsèques du larynx, lesquels n'ont » d'autre but que de dilater ou de rétrécir l'ou- » verture interceptée par les cordes vocales, en » imprimant à ces cordes ou la tension ou le relâ- » chement.

» C'est aux différences, que présentent les di- » mensions de la glotte, qu'il faut rapporter les » différences vocales individuelles qui constituent

» le caractère du chant dans les voix de ténor, » baryton et basse.

» C'est à la même cause que se rattachent les » différences qu'on observe dans la voix de femme » et dans la voix d'homme, et les changements » qui s'opèrent chez l'homme dans le ton de la » voix à l'époque de la puberté.

» La voix grave est en rapport avec de grandes » dimensions de la glotte, et la voix aigüe en » rapport avec son étroitesse.

» Chez l'homme adulte, le diamètre antéropos- » térieur de la glotte est de 10 à 11 lignes.

» Chez la femme, il n'est que de 8 lignes.

» Chez l'homme, le plus grand diamètre trans- » versal est de 3 à 4 lignes. »

» Chez la femme, il est de 2 à 3. »

Un des plus grands éléments de succès dans l'art du chant dépend de l'emploi du calibre du son, mesuré d'après les dimensions naturelles de la glotte.

§ 5.

De la durée du Son.

La durée du son est en raison de l'économie avec laquelle est ménagé, pendant l'acte de la phonation, le souffle inspiré et contenu dans l'appareil de la respiration.

Les organes, qui concourent à assurer au son cette qualité sont, d'une part le diaphragme, les muscles intercostaux, les poumons et les bronches, et d'autre part, le mouvement de bascule, mouvement très-léger, qui se fait à la base de l'épiglotte, sorte de frein qui fait fonction de soupape d'échappement et de refoulement sur la colonne d'air pour l'empêcher de s'échapper des voies respiratoires.

Ce petit mouvement organique est de la plus haute importance, parce qu'il conserve au souffle une puissance d'action qu'il ne saurait avoir sans lui. Nous en reparlerons plus amplement dans la seconde partie de notre exposition.

CHAPITRE II.

DES QUALITÉS INHÉRENTES
A LA PAROLE.

Les qualités inhérentes à la parole considérée *comme partie* intégrante de la voix du chant, résultent mi-partie des timbres variés que les voyelles impriment au son, et mi-partie du mode spécial d'accoupler les consonnes aux voyelles.

Nous étendre davantage, pour le moment, sur le chapitre de la parole et sur ses qualités, serait anticiper sans profit sur l'instant où le complément qu'il exige trouvera sa place.

CHAPITRE III.

DES QUALITÉS INHÉRENTES
A LA FORME MÉLODIQUE.

Parmi ces qualités il faut distinguer ses variétés de dessins, de style, de rythmes et ses rapports intimes avec l'harmonie.

Le lecteur, préablement averti que ces éléments et leurs qualités sont autant de matériaux précieux dont l'ajustement sera l'objet de la seconde partie de notre exposition, comprendra sans peine la nécessité de s'en faire une juste idée et d'en conserver la mémoire.

SECONDE PARTIE.

DE L'EXPOSITION DES ÉLÉMENTS DE L'ART DU CHANT.

Cette seconde partie a pour objet de relier entre eux les trois éléments constitutifs de la voix en groupant leurs qualités par ordre et suivant le rôle qu'elles jouent dans l'éducation de l'organe vocal et dans l'exercice de l'art du chant.

Nous diviserons cette seconde partie en trois chapitres qui renferment les trois sources principales des éléments de l'art du chant.

La première source découle de l'appréciation des lois physiologiques d'après lesquelles naissent, se développent et s'enchaînent les diverses phases de la phonation propre à l'usage du chant.

La seconde source est dans la manière spéciale d'appliquer la parole au son.

La troisième source comprend les éléments de l'art de la phraséologie.

Si ce programme, en raison de son étrangeté même, ne peut manquer d'être lu par quelques personnes, toujours prêtes à s'intéresser aux questions de l'art, beaucoup d'autres, nous le savons, celles surtout auxquelles des études stériles ont rendu toute doctrine suspecte, vont, à la vue de son titre, rejeter notre petit traité avec un profond dédain.

Que de fois n'avons-nous pas entendu répéter avec assurance cette vieille rubrique, si commode à tous ceux qui veulent s'affranchir de toute étude sérieuse : « Les plus célèbres chanteurs, » dit-on bien haut, ne se sont jamais formés que » d'eux-mêmes, et, par cela seul, qu'ils ont eu » assez d'énergie et de bon sens pour mettre de » côté toutes les méthodes. »

Sans crainte de se compromettre, on peut excuser ainsi très-facilement son ignorance et ses insuccès, en se drapant pompeusement dans cette phrase qui, pour être proverbiale, n'en est pas moins niaise et absurde.

Car admettre un tel principe, c'est renier les précieux avantages qu'on peut retirer de l'expérience.

Cependant, nous qui avons dénoncé, sans restriction, l'insuffisance des méthodes de chant, peut-être aurions-nous mauvaise grâce à donner un formel démenti à cette assertion paradoxale!

Quelle que soit la difficulté où semble nous avoir placé notre sévérité à l'égard des doctrines en général, nous n'hésitons pas à répondre à ces mécréants, ennemis de tout enseignement, que ces mêmes chanteurs qu'ils considèrent comme des phénomènes ne relevant que de leur propre génie, se fussent, sans aucun doute, épargné bien des mécomptes, s'ils eussent rencontré sur leur chemin une ligne droite qui les eût conduits sans détours à l'apogée des perfections de l'art.

Cette ligne, qui nous manquait à nous-même, et qui, une fois aperçue, nous a dirigé sans encombre vers le but auquel nous aspirions, nous nous faisons un devoir de l'indiquer et de donner le moyen de la suivre sans déviation à tous ceux qui ne s'obstineront pas à fermer les yeux devant elle.

D'ailleurs, les succès qu'obtiennent tous ceux qui veulent se donner la peine de se diriger d'après nos conseils dans cette voie nouvelle, sont assez concluants pour que nous n'hésitions pas un seul instant à exposer nos principes au grand jour et à les soumettre à l'appréciation de la critique sérieuse.

CHAPITRE Ier.

DE LA PREMIÈRE SOURCE

DES ÉLÉMENTS DE L'ART DU CHANT.

Cette première source, avons-nous dit, découle de l'appréciation des lois physiologiques d'après lesquelles naissent, se développent et s'enchaînent les diverses phases de la phonation de la voix propre à l'usage du chant.

Pour faire cet examen avec fruit, nous n'avons qu'à suivre les traces du meilleur des guides, de celui qui est doué d'une infaillibilité scellée d'un cachet éternel ; cet excellent guide, nous l'avons déjà nommé, c'est la nature étudiée, observée dans ses faits et gestes pendant l'acte de la phonation.

C'est d'abord chez l'enfant, au moment de sa naissance, qu'il convient d'observer le son de la voix à son origine.

A ce premier âge de la vie, où la voix, à n'en pas douter, est une expression naturelle, spontanée, nous remarquons que ce son primitif qui n'est encore qu'à l'état de vagissement confus et nasillard, ne se compose que d'inflexions vagues où l'on distingue cependant bien clairement quelques principes de sonorités voyelles, mais où il n'apparaît assurément aucun principe de consonnes.

Si l'on continue d'observer, on acquiert la certitude que, chez l'enfant, le son voyelle ne se façonne et ne s'épure qu'après un temps plus ou moins long, tandis que c'est encore beaucoup plus tard qu'apparaissent des éclosions et des essais informes de consonnes.

Cette observation faite sur la première enfance dans le but de constater la forme primitive du son, peut être également relevée chez l'homme à tous les âges de la vie ; en effet, si nous considérons l'homme sous l'impression d'une sensation soudaine, d'un sentiment de joie ou de douleur spontanée, nous constatons que le son qui sort alors de sa bouche n'est qu'une exclamation, une voyelle.

La seule raison pour laquelle nous avons recherché si minutieusement la forme primordiale du son de la voix humaine, c'est que l'aperçu de cette forme élémentaire du son est pour nous comme une lueur qui nous trace le seul et vrai chemin à suivre pour atteindre graduellement aux perfections de l'art par l'éducation vocale.

Ce qui serait de nature à corroborer nos observations et à prouver qu'elles ont été puisées à bonne source, c'est l'analogie qu'elles ont avec les lignes suivantes :

« Les voyelles se distinguent surtout des con-
» sonnes parce qu'elles arrivent presque toutes
» formées de la glotte ; ce sont des sons laryn-
» giens presque purs, tandis que les consonnes
» exigent un travail plus ou moins compliqué des
» parties supérieures du tuyau vocal. » (Béclard).

En effet, par cette espèce de surprise du son dans ses manifestations originelles, nous observons qu'il ne tarde pas à se produire sous des formes variées auxquelles on a donné le nom de sons voyelles ; et qu'en même temps ces diverses formes constituent, comme nous l'avons déjà fait remarquer au paragraphe 3, des timbres distincts et appréciables à l'oreille.

Imparfaitement déterminés à leur origine, c'est-à-dire au moment de l'éclosion des voyelles, ces différents timbres, dont se revêt le son, viennent modifiés, on le sait, d'après certaines conventions très-variables de langages chez les différents peuples, mais ce qu'il importe de bien savoir avant tout, c'est que, nonobstant ces conventions d'idiomes, c'est dans l'incorporation intime des timbres voyelles avec le son, que gît le principe fondamental des études de la voix du chant.

Cette observation, qui n'est ici que passagère,

bien que d'une importance de premier ordre, aura le développement qu'elle exige dans l'exposition de notre seconde source des éléments de l'art du chant. Continuons donc d'examiner le son dans ses principales péripéties de formation, de développement et de perfectionnement.

On n'a pas oublié que, en vertu de la tension du souffle, le son peut subir des dégrés très-variés d'intensité.

On sait aussi, à n'en pas douter, que la glotte, ce petit organe placé dans le larynx sous l'action immédiate du souffle, a non-seulement la faculté de transformer le souffle en son, mais encore qu'elle possède la prodigieuse prérogative de varier à l'infini la hauteur de ce même son, c'est-à-dire que, en vertu des facultés contractiles de ses rubans vocaux, il lui est dévolu la fonction d'élever et d'abaisser ce même son en de nombreuses inflexions, sur l'étendue du clavier qui lui est propre.

(Relire, s'il en est besoin, le 2e paragraphe : *De la hauteur du Son*).

Qu'entendons-nous par inflexions du son?

Nous comprenons par là toutes les évolutions que le son est susceptible d'exécuter sur son échelle respective.

L'évidence oblige qu'on tienne absolument pour vrai que, le son et ses évolutions n'étant qu'une seule et même chose, ou, en d'autres termes, que les inflexions du son n'étant que le son lui-même placé à des hauteurs différentes, ces évolutions, quelque multiples qu'elles puissent être, ne changent en rien le son ni en substance ni en unité.

Ce fait physiologique ne laissant aucun doute, nous ferons ensuite observer que ces inflexions, pour devenir propres au chant plastique, doivent revêtir tout à la fois le double caractère harmonique et euphonique.

Les inflexions sont harmoniques lorsque, en se substituant les unes aux autres, elles représentent des intervalles déterminés conformément aux lois de la tonalité. Cette question est du pur ressort du solfège.

Elles sont euphoniques toutes fois que, par une certaine manière de se substituer les unes aux autres, elles se transmettent un cachet d'affiliation sans lequel elles ne produisent plus qu'une succession, un assemblage de sonorités hétérogènes et choquantes.

C'est à la manière de communiquer à la nombreuse famille des inflexions du son cette unité d'origine, ce cachet de solidarité intime, que nous avons donné le nom d'articulation des inflexions.

Nous invitons ici nos lecteurs à nous prêter une attention spéciale, parce que cette question de l'articulation des inflexions est, pour ainsi dire, le piveau autour duquel se meuvent toutes les pièces de notre théorie, et que, par conséquent, elle résume en elle tout l'intérêt de notre travail.

Que faut-il comprendre par *Articulation des Inflexions?*

L'articulation des inflexions résulte de la faculté qu'a la colonne d'air souslaryngienne, en vertu de l'intensité du son, de se condenser sur elle-même pendant l'acte de la phonation, de manière à permettre aux inflexions de se substituer et de s'enchaîner les unes aux autres dans les conditions les plus parfaites d'homogénéité et de solidarité.

Pour opérer cette articulation des inflexions, il faut qu'il se produise, au fur et à mesure qu'elles se succèdent, un léger mouvement de refoulement organique qui a lieu, à la base de l'épiglotte, sur le sommet de la colonne d'air, afin de lui conserver sa propriété pondérative et combattre sa tendance persistante à s'échapper des voies respiratoires.

Plusieurs méthodistes ont reconnu la nécessité d'un mécanisme analogue à ce mouvement, mais ils l'ont mal défini : les uns l'ont appelé coup de glotte; d'autres, voulant émettre la même pensée, recommandent à leurs élèves de tenir l'archet à la corde.

Aucun professeur, que nous sachions, n'a fait

connaître le but et l'importance de ce fait physiologique. — On n'a jamais indiqué d'une manière précise ce refoulement du souffle sur lui-même vers sa base, ayant pour effet unique de le maintenir, pendant l'acte plus ou moins prolongé de la phonation, dans un état de condensation proportionnée aux efforts qu'exige l'usage du chant (condition sans laquelle les inflexions ne peuvent ni éclore, ni se développer, ni s'articuler d'une manière euphonique et plastique).

Cependant, bien que ce mécanisme et ses heureux effets nous soient indubitablement acquis, nous ne prétendons pas que ce mouvement organique ne puisse être, en aucune façon, contesté dans son espèce ; nous n'affirmons ici que l'existence et le résultat d'un fait physiologique, certain, quel qu'il puisse être, ayant certainement lieu dans le larynx de tout chanteur accompli, mais qu'il appartient exclusivement à la science de décrire et de spécifier.

Du reste, un quart d'heure d'entretien et de démonstrations pratiques entre le lecteur et nous, éluciderait mieux la question qu'un volume entier d'abstraites dissertations.

Quoi qu'il en soit, nous prévalant de ce phénomène péremptoire, comme d'un principe indiscutable, nous posons les conclusions suivantes :

1° C'est à l'action du souffle, tenu en réserve et

à sa condensabilité que le chanteur doit la possibilité de réaliser ce que nous appelons l'articulation des inflexions.

2° C'est à cette articulation que les inflexions empruntent leur cachet d'euphonie plastique, en un mot, leur parfaite affiliation, base de toutes les perfections de l'art du chant.

Mais qu'entendons-nous par ces deux mots étranges : *euphonie plastique?*

L'euphonie plastique consiste :

1° Dans la réunion de toutes les qualités que le son emprunte au jeu de l'intensité du souffle ;

2° Dans la justesse, la netteté et la spontanéité des inflexions quelle que soit leur hauteur ;

3° Dans la pureté, l'homogénéité des timbres que le son reçoit des voyelles ;

4° Dans les justes proportions du calibre que conservent les inflexions du son ;

5° Enfin dans la filature ou la durée du son, laquelle a sa source dans l'économie du souffle par le mécanisme de l'articulation.

Comme on a pu s'en rendre compte, c'est grâce à la combinaison des rapports des deux principaux agents phonateurs, le souffle et la glotte, que nous parvenons à faire des inflexions un faisceau d'anneaux similaires et solidaires ; c'est par cette intime affiliation que nous parvenons à affranchir le clavier des inflexions des graves accidents inséparables de l'incohérence des registres qui, d'après une erreur commune à toutes les écoles de chant, se partagent fatalement le clavier de la voix humaine.

On n'ignore pas, en effet, que tous les professeurs admettent d'un commun accord cette malencontreuse solution de continuité d'homogénéité dans la famille des inflexions comme un vice originel et indélébile, et que, par conséquent, on avise partout à pallier ce défaut par une sorte de tempérament de sonorité qu'on appelle la fusion des registres.

Mais on n'ignore pas non plus que tous ces efforts sont impuissants et n'aboutissent qu'à compliquer, à déplacer la difficulté, car ce procédé n'a d'autre effet que d'altérer la pureté de sonorité d'excellentes inflexions sans profit pour d'autres d'un caractère essentiellement défectueux.

Il est vraiment étrange que, pour trouver la solution d'une question qui, à elle seule, est la base et la clef de voûte de l'étude de la voix et du chant, on n'ait pas fait remonter les effets à leurs causes, afin de s'assurer si cette imperfection flagrante, sur laquelle on passe condamnation et dont on rend la nature responsable, n'était pas plutôt le fait de l'ignorance de ses accusateurs!

La plus simple observation aurait démontré que ces solutions de continuité dans la contexture des inflexions de la voix du chant ont pour cause patente le déplacement que l'on fait éprouver à la base du son, c'est-à-dire à la colonne d'air sous-glottique qui, par le seul fait de déviation de sa base, énerve, altère sa propriété d'intensité ou de pondération, et fait, par une conséquence forcée, perdre aux inflexions leur équilibre et leur affiliation.

De cette première dislocation dans la colonne d'air, il en résulte aussi des changements choquants dans les timbres et les calibres du son qui achèvent de rompre toute affiliation entre les inflexions.

Le désordre purement accidentel, mais non fatal, comme on le croit, qui survient dans la famille des inflexions, tient encore à d'autres causes.

Nous allons en signaler les plus graves et les plus ordinaires.

Des principales causes qui apportent le trouble dans l'unité des registres de la voix.

La première cause vient de la perturbation que l'exercice du chant fait éprouver au mécanisme de la respiration normale. En effet, après qu'on a, non sans quelque effort, suspendu l'acte de la respiration pendant une série plus ou moins longue d'inflexions ou même pendant la simple durée d'un son prolongé, la précipitation avec laquelle, si l'on n'y prend garde, on aspire un souffle nouveau, met en désarroi toutes les pièces de l'appareil phonateur, et donne inévitablement lieu à des successions d'inflexions dont le caractère change comme le point d'appui de leur base.

Une seconde cause, non moins puissante, vient d'une idée préconçue, c'est-à-dire de l'influence qu'exerce sur l'appareil de la phonation la forme représentative de la mélodie et de la musique en général.

Notre réflexion va paraître à première vue d'une naïveté puérile, mais l'expérience nous prouve tous les jours qu'elle est loin d'être sans importance.

Tout le monde sait que les yeux commandent instinctivement le mouvement des pieds selon qu'ils ont à monter ou à descendre, de même ils contraignent invinciblement le larynx et tout l'appareil phonateur à s'élever ou à s'abaisser en proportion de l'espace qui existe entre les intervalles ascendants ou descendants qui sont à franchir.

Pour se soustraire à cette influence de la forme mélodique sur la vue et sur le mécanisme du gosier, il suffit d'être convaincu que le tuyau vocal n'a ni dans la contexture de ses organes, ni dans l'exercice de leurs fonctions, rien qui l'oblige à décrire des mouvements parallèles à ceux que décrit la marche mélodique.

On se dégagera, en effet, de cette compromettante préoccupation si l'on veut bien se rappeler qu'il est admis en principe incontestable que la hauteur du son, comme celle de ses inflexions, ne dépend ni de l'élévation ni de l'abaissement de l'appareil vocal, mais bien exclusivement du nombre de vibrations exécutées par le corps sonore dans un espace de temps déterminé.

Une troisième cause de trouble dans les rapports d'affiliation et de connexité des inflexions, c'est leur changement de calibre : c'est la propension presqu'irrésistible qu'ont les chanteurs de donner à leur voix une ampleur forcée; ils font alors des efforts démesurés pour concentrer sur certaines inflexions déjà trop excentriques par habitude, une puissance de volume et d'intensité tellement exagérée que les autres inflexions subséquentes ou précédentes n'en peuvent être que compromises et appauvries.

Si les chanteurs coutumiers de ces ridicules excès ont le bon sens de chercher à remédier à ces funestes écarts,— ce qui est rare,— il est plus rare encore qu'ils mettent le doigt sur la plaie; car c'est souvent à un défaut capital, je veux dire à l'extravagant abus qu'ils font de leur organe, qu'ils doivent leur succès éphémère. Alors, dans ces cas très-fréquents d'aberration, ces chanteurs encouragés par les applaudissements d'un public de mauvais goût, loin de se corriger de leurs défauts, les aggravent de plus en plus jusqu'à ce qu'enfin, l'organe épuisé par d'excentriques efforts, ces pseudo-chanteurs d'un jour n'aient plus d'autres ressources, pour excuser leur infortune, que d'incriminer amèrement la nature dont ils ont aveuglément gaspillé les largesses.

Combien d'exemples de ce genre n'avons-nous pas eus sous nos yeux pendant notre longue carrière? Quelquefois nous sommes arrivé à temps pour désiller les yeux de ces imprudentes victimes *in extremis*, leur faisant comprendre que les défectuosités et les accidents, dont elles se lamentaient, n'étaient que les conséquences trop naturelles des fausses manœuvres qu'elles imposaient aux organes du larynx, qui, déplacés continuellement de leur centre d'action, avaient perdu le point d'appui et l'équilibre nécessaire à l'accomplissement régulier de leurs fonctions.

Nous aurons encore l'occasion de signaler d'autres causes de perturbation dans les organes de la voix; mais ce n'est qu'au fur et à mesure de nos explications ultérieures que l'on sera à même d'en comprendre et d'en éviter les dangers.

Nous avons donné à l'exposition des principes tirés de notre première source une extension dont l'apparente prolixité nous sera facilement pardonnée par ceux qui auront le désir de s'approprier le bénéfice de nos observations.

CHAPITRE II.

DE LA SECONDE SOURCE

DES ÉLÉMENTS DE L'ART DU CHANT.

Cette seconde source consiste dans la manière, toute spéciale à notre méthode, d'appliquer la parole au son.

C'est évidemment dans la combinaison de ces deux éléments, parole et son, que consiste le caractère distinctif auquel la voix humaine doit la prérogative d'être le plus parfait des instruments propres au chant; mais si haute que soit cette prérogative, il ne faut pas se dissimuler que c'est dans la manière de coordonner entr'eux tous les attributs de ces mêmes éléments que gît le point final de la question de l'art du chant.

Or, dans les observations déjà faites sur les phases diverses de la phonation primordiale, nous n'avons eu que la peine de constater et de mettre en évidence l'œuvre de la nature ; mais, pour ce qui touche à notre seconde source, il ne s'agit rien moins que d'exposer un phénomène qui devient plus particulièrement l'œuvre de l'intelligence et pour ainsi dire sa propre création.

« La parole, dit M. Béclard, est le produit de » l'intelligence humaine.

» Elle ne reçoit du larynx que le son et l'into- » nation.

» Cela est si vrai que la parole peut se passer » de la voix, peut se passer du son, peut se passer » du larynx.

» Nous pouvons parler sans qu'il se produise » aucun son aux cordes vocales ; c'est ce qui » arrive toutes les fois que nous parlons à voix » basse ; mais la parole ordinaire s'exécute à » haute voix et c'est elle qui doit nous occuper ici.

» La parole résulte de la combinaison du son » laryngien avec des positions spéciales du pha- » rynx, du voile du palais, des fosses nasales, de » la langue, des joues, des dents et des lèvres.

» Les signes sonores qui servent à l'homme » pour communiquer avec ses semblables se com- » posent de voyelles et de consonnes.

» Ces sons diversement associés composent des » syllabes, et celles-ci, combinées de diverses ma-

» nières, composent des sons articulés d'une cer-
» taine durée qui sont les mots. »

De la formation des voyelles.

« La formation des voyelles dépend des formes
» que prend le tuyau voçal quand il est traversé
» par le son.

» Les voyelles sont des sons laryngiens presque
» purs ; elles sont presque toutes formées par la
» glotte.....

» La glotte fournit le son ou la sonorité ; c'est
» la masse d'air contenue dans le tuyau vocal qui
» donne à la voyelle le timbre qui la caractérise.

» Le son voyelle est donc engendré par les
» modifications qui surviennent dans le tuyau
» vocal.

De la formation des consonnes.

» Les consonnes se forment avec le concours
» des organes compris dans la partie supérieure
» du tuyau vocal. Ces organes sont le gosier, le
» voile du palais, l'épiglotte, les fosses nasales,
» la langue, les dents, les joues et les lèvres.

» Les consonnes sont des lettres qui ne produi-
» sent point de son toutes seules ; elles n'en pro-
» duisent qu'avec les voyelles.

» Le second élément de la parole, dit M. Helmolz, consiste dans les consonnes qui ne sont » pas des sons, mais des manières de commencer » ou de finir les voyelles par une explosion, par » un coup de langue ou un mouvement des lèvres. » C'est ce qui constitue les syllabes. »

Il est une remarque essentielle à faire sur la différence de caractère qui existe entre les voyelles et les consonnes, eu égard à la part que ces signes prennent à la phonation.

Le caractère essentiel des voyelles, c'est l'immobilité des parties organiques où elles se forment et la facilité avec laquelle elles s'incorporent au son primordial sans en ébranler la base qui est la colonne d'air sous-laryngienne, tandis que le caractère essentiel des consonnes, c'est le mouvement des parties organiques qui concourent à leur production et la difficulté qu'elles ont à s'incorporer au son voyelle sans troubler l'assise et l'équilibre de la colonne d'air sous-laryngienne.

Or, c'est sur le plus ou moins d'affinité qu'ont avec le son ces deux éléments de la parole que nous avons gradué nos exercices propres à l'application de la parole au son.

Nos observations personnelles et l'autorité des citations, qui viennent les corroborer, ne nous laissant aucun doute sur ce point, nous n'hésitons pas à considérer l'élément voyelle en général comme le trait d'union le plus naturel entre le son et la parole.

Par conséquent c'est sur la pureté et la fusion des timbres variés des sons voyelles, tout en tenant rigoureusement compte, bien entendu, de la combinaison préliminaire des propriétés du souffle et de la glotte, que nous basons notre théorie euphonique des inflexions de la voix humaine.

Nous sommes certains d'atteindre ce but, avec un plein succès, en nous conformant à la méthode universelle, c'est-à-dire, en procédant du connu à l'inconnu, du plus au moins facile.

La voyelle qui le plus facilement s'incorpore au son primordial est la voyelle *a*.

« A, première lettre de l'alphabet, dit M. Scaliger, est le premier son articulé que la nature » pousse, le premier cri des enfants, qui n'a pas » besoin d'autre mouvement que de celui d'ouvrir » la bouche. »

« Dans le son *a*, dit M. Béclard, le tuyau vocal » est dans son état le plus naturel; il n'exige » aucun effort; c'est celui que produit le larynx, » la bouche étant naturellement ouverte ainsi que » la mâchoire et les lèvres.

» Le tuyau vocal est plus court pour *a* que pour » *u*, et plus long que pour *i*. Toutes les autres » voyelles sont des transitions entre *a*, *u* et *i*. »

Les voyelles diphthongues qui sont très-nombreuses ne sont que des modifications des voyelles simples *a, e, i, o, u.*

Nous avons jugé indispensable de remonter, pour nous y conformer, aux lois naturelles qui, comme on l'a vu dans tout ce qui précède, président à la formation du son primordial. En adoptant cette marche, nous procédons avec un succès infaillible à l'enchaînement progressif des diverses péripéties d'élaboration que le son doit subir avant qu'on puisse songer à y joindre la parole.

C'est en voulant se soustraire à cet ordre d'études qu'on a toujours rencontré dans l'enseignement un obstacle insurmontable à la formation d'un clavier vocal euphonique.

C'est donc par des exercices de vocalisation, ayant pour but : 1° l'assimilation de sonorité entre les timbres voyelles et 2° l'articulation des inflexions, que nous commençons par fonder une base certaine d'études vocales.

Mais, va-t-on nous objecter, ce procédé n'a rien de neuf, car partout où il existe une école de chant, on y admet en principe les exercices de vocalisation qui servent d'acheminement aux perfectionnements des études de chant.

Cette objection pour être spécieuse n'a rien de bien sérieux.

En effet, nous savons que la vocalise est admise universellement dans l'enseignement, mais il s'agit de bien se rendre compte de là manière dont on en fait usage. Nous allons l'expliquer : la vocalise n'est partout qu'un exercice d'habitude classique, une tradition routinière, consacrée de temps immémorial ; mais qu'on nous permette de dire que cet exercice est complètement illogique, parce qu'il ne dérive d'aucun principe *a priori* et ne peut être un moyen de transition à d'autres exercices subséquents.

Les vocalises qu'on fait exécuter aux élèves sur la voyelle *a* exclusivement ne sont point des exercices propres à conduire à l'euphonie des timbres voyelles, puisque les autres voyelles n'apparaissent jamais dans la vocalisation.

D'ailleurs, toutes les voyelles fussent-elles admises dans ces exercices, que l'articulation des inflexions n'y jouant aucun rôle, leur emploi serait de nul effet pour régulariser et perfectionner des exercices essentiellement défectueux de leur nature.

Nous avons pourtant quelquefois entendu des élèves intelligents réussir tant bien que mal à la vocalisation sur la voyelle *a* ; mais, du moment que ces mêmes élèves passaient de la vocalise à l'application de la parole, ils se dérobaient immédiatement de la ligne tracée par la vocale. Ils imitaient en cela celui qui, après avoir, avec beaucoup de soin, ajusté une planche sur un torrent pour le traverser, met, au moment du passage, le pied à côté du pont et tombe au fond du précipice.

Protestant de toute notre bonne foi et de notre entière conviction contre ces pratiques stériles et surannées qui rendent tout progrès impossible, nous venons avec nos exercices de vocalisation, traités d'après notre système articulaire et basés sur la fusion de tous les timbres voyelles, asseoir une pierre d'attente ferme et solide sur laquelle nous sommes à même :

1° De produire sur toutes les voyelles le son filé sur lui-même, comme sur ses inflexions, dans toute sa perfectibilité;

2° De fonder un clavier complet d'inflexions tout à la fois homogènes et susceptibles de se prêter à l'ampleur du cantabile, à l'exécution des traits les plus lents et les plus rapides et, par conséquent, au mouvement du trille le plus net et le mieux soutenu;

3° Enfin, d'implanter à son heure sur toute la tablature des inflexions la parole, avec toutes ses qualités, sans nuire en quoi que ce soit, à celles de l'euphonie du son.

Il ne faut pas croire que, dans nos exercices de vocale, nous frappions la parole d'un ostracisme de longue durée. Nous n'écartons la consonne de la voyelle que le temps nécessaire d'assurer à celle-ci sa parfaite installation sur sa base. Ce résultat, qui n'est pas long à se réaliser, nous permet de rapprocher presqu'immédiatement de la vocale et d'y accoupler la consonne, la syllabe et la parole.

Par cette combinaison d'exercices comparés et multipliés selon le besoin, nous différons essentiellement de la manière des professeurs qui, laissant sous les yeux de leurs élèves de volumineux cahiers de vocalises, les leur font ressasser mille fois sans autre résultat que celui d'une fatigue inutile, le clavier de leurs inflexions n'étant fabriqué que de pièces et de morceaux hétérogènes.

Proférer la parole dans toute la pureté de sa diction et dans le sens rigoureux qu'elle représente sans porter atteinte à l'euphonie du son, est sans doute une des précieuses facultés qui caractérisent la voix humaine, mais faire que celle-ci puisse s'incorporer la forme et l'esprit de la mélodie, constitue assurément la plus transcendante de ses prérogatives.

CHAPITRE III.

DE LA TROISIÈME SOURCE

DES ÉLÉMENTS DE L'ART DU CHANT.

Cette troisième source comprend les éléments de l'art de la phraséologie.

« C'est, dit J.-J. Rousseau, dans l'invention » des phrases musicales, dans leurs proportions, » dans leur enchaînement, que consistent les véri- » tables beautés de la musique.

» Un compositeur, qui ponctue et phrase bien, » est un homme d'esprit ; un chanteur qui sent, » marque bien ses phrases et leur accent, est un » homme de goût ; mais celui qui ne sait rendre » que les notes, les tons, les temps et les inter- » valles, sans entrer dans le sens des phrases, » quelque sûr, quelque exact qu'il puisse être, » n'est qu'un croque sol. »

Il nous souvient aussi d'avoir lu quelque part, à peu près les lignes suivantes :

« La phraséologie est cet art de revêtir la mé- » lodie d'un charme qui commande l'admiration. » Le chanteur, vraiment digne de ce nom, atteint » ce but en traçant pour l'oreille, comme fait le

» peintre pour les yeux, des lignes élégantes en » coordonnant des plans où se joue la lumière et » en les harmonisant par la délicatesse des sons. »

En conformité d'idées avec celles qu'expriment ces lignes éloquentes, nous venons dire, à notre tour, en termes purement prosaïques, mais plus explicites : que la phraséologie est cette partie de l'art du chant qui, à l'aide du son, de ses inflexions et de la parole, a pour objet spécial de mettre en relief la forme mélodique d'une manière conforme, d'abord aux intentions des auteurs, et ensuite aux sentiments qu'inspirent l'esprit et la forme de la cantilène au génie du chanteur, conscient et maître de ses moyens d'exécution.

Avant d'inviter le chanteur à puiser tout d'abord aux deux premières sources des éléments que nous avons mis à sa disposition, nous allons lui signaler ceux qu'il doit aller puiser au sein même de la forme mélodique.

En effet les premiers éléments qui servent de base à la phraséologie résultent :

1° De l'examen des périodes dont se compose la cantilène, c'est-à-dire de leur judicieuse classification, suivant le degré d'importance qu'elles occupent dans le plan général de la composition;

2° Du choix des phrases dominantes et fécondes en effets saillants qui doivent se détacher au premier plan de l'exécution;

3° De l'élasticité des mouvements rhythmiques, c'est-à-dire de l'emploi, avec juste mesure, de la faculté laissée au chanteur de rompre, d'accélérer ou de ralentir les mouvements, d'après l'indication marquée par l'auteur et par la nature de la composition musicale et littéraire.

Les autres éléments que le phraséologue peut aller puiser aux deux premières sources, résultent de la variété infinie des formes que peut prendre le son filé tant sur lui-même que sur des séries plus ou moins longues d'inflexions. A l'aide de ces formes multiples, le chanteur est à même de vivifier à son gré, par des groupes parallèles ou symétriques d'inflexions, soit le corps entier d'une phrase, soit chaque membre d'une phrase, de manière à répandre, avec ordre et clarté, sur la cantilène, ce qu'on est convenu d'appeler le coloris ou le clair-obscur.

Ces nombreuses métamorphoses ou modifications du son filé, qui sont les puissants moyens de dessiner ou de graver profondément les grandes lignes qui constituent la période ou la phrase musicale, sont en même temps susceptibles de se combiner de manière à exécuter, avec charme et élégance, les traits, les gruppetti, les brisets, les trilles, etc., etc.

Quant à ces ornements délicats, il faut, pour les mettre en relief, avoir soin de les encadrer avec goût entre des groupes d'inflexions d'un caractère opposé à celui qu'on jugera à propos de leur donner. C'est dans les combinaisons des différents modes d'articulation des inflexions qu'on trouvera ce secret.

Viennent encore au secours de la phraséologie la pureté de la prononciation de la parole et la juste mesure d'expression que sa déclamation est appelée à prêter à la mélodie.

Quoiqu'il en soit des moyens nombreux de donner au chant toutes ses qualités, nous sommes d'avis que l'art de phraser peut revêtir une même mélodie de formes très-variées que la science musicale, le génie, le goût et les ressources des moyens vocaux de l'artiste ont seuls le pouvoir de justifier et d'imposer avec autorité.

CONCLUSION.

L'application de nos principes, jusqu'alors sans précédent dans l'enseignement, a pour résultat caractéristique, pour conséquence logiquement rigoureuse, l'avantage incontestable — source de mille autres faciles à imaginer — d'affranchir la voix humaine des graves inconvénients de la pluralité de ses registres, par la formation préalable d'un son euphoniquement constitué, c'est-à-dire par la formation d'un son typique, pourvu des cinq qualités qui le rendent propre au chant, et, comme tel, subséquemment susceptible de s'infléchir, au moyen du mécanisme de l'articulation, à tous les degrés de son clavier respectif, de manière à ce que ces inflexions, quelles qu'en soient les évolutions, conservent en elles-mêmes et se transmettent, à mesure qu'elles se succèdent, le même cachet d'affiliation et de solidarité qu'elles reçoivent du son modèle dont elles émanent.

Tel est le dernier mot sur la théorie de l'art du chant basée sur l'appréciation des éléments constitutifs de la voix chantante.

Puissent les professeurs de chant, les écoles, les artistes et les dilettantes faire accueil aux observations que nous avons eu l'honneur de leur soumettre.

De longues et consciencieuses recherches, faites aux meilleures sources pour notre compte, et suivies de résultats qui ont jeté quelqu'éclat sur notre modeste carrière, l'expérimentation de ces mêmes principes dans l'enseignement où, depuis vingt années, nous obtenons des succès incontestables, enfin notre culte constant pour un art auquel, depuis plus d'un demi-siècle, nous sommes voué sans réserve et sans relâche, paraîtront, nous l'espérons, des titres suffisants pour recommander le fruit de nos observations aux appréciations d'une judicieuse et compétente critique.

Nogent-le-Rotrou, juillet 1872.

TABLE DES MATIÈRES.

Nogent-le-Rotrou, imprimerie de A. Gouverneur.

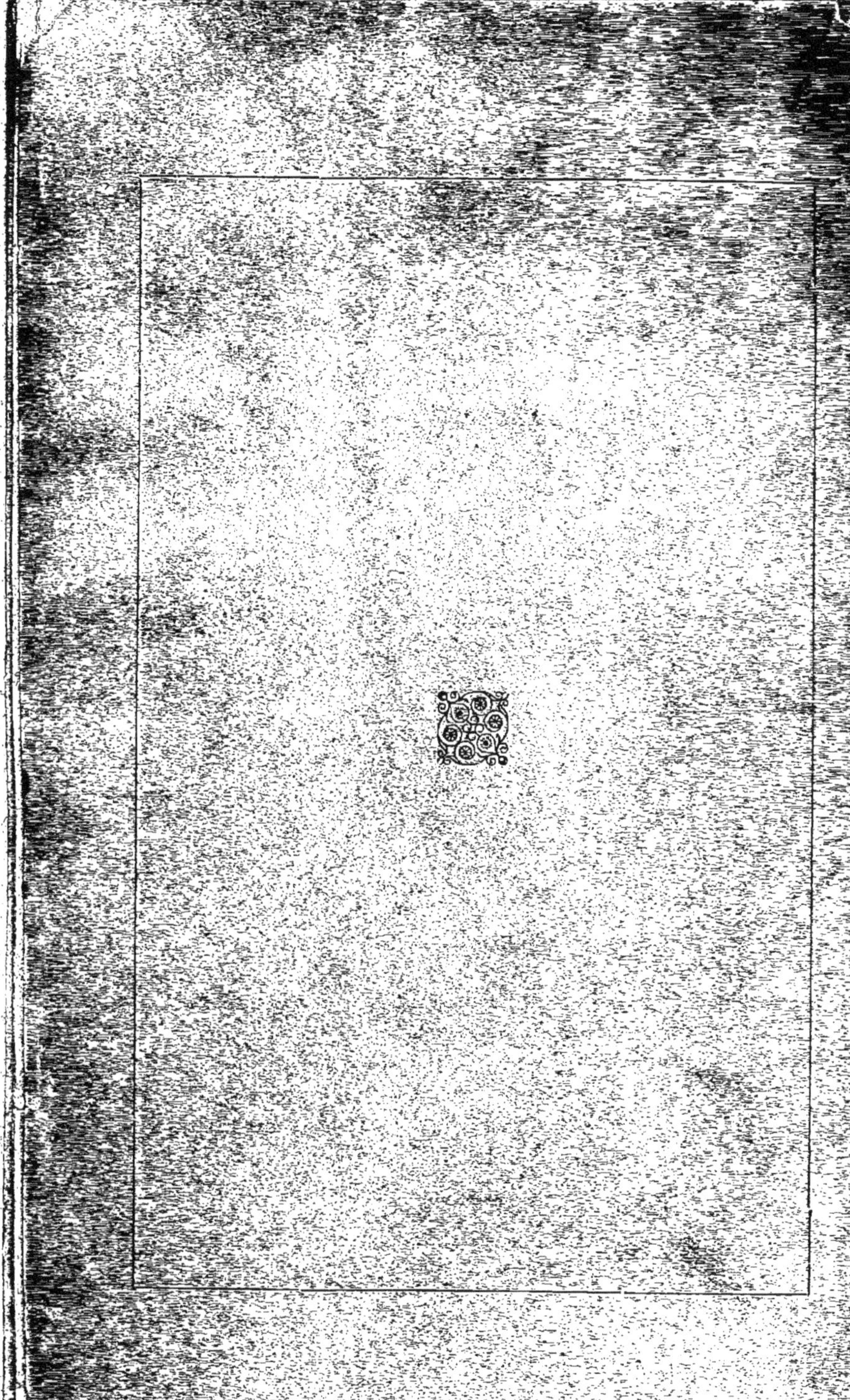

www.ingramcontent.com/pod-product-compliance
Ingram Content Group UK Ltd.
Pitfield, Milton Keynes, MK11 3LW, UK
UKHW020329220726
13923UKWH00003B/1459